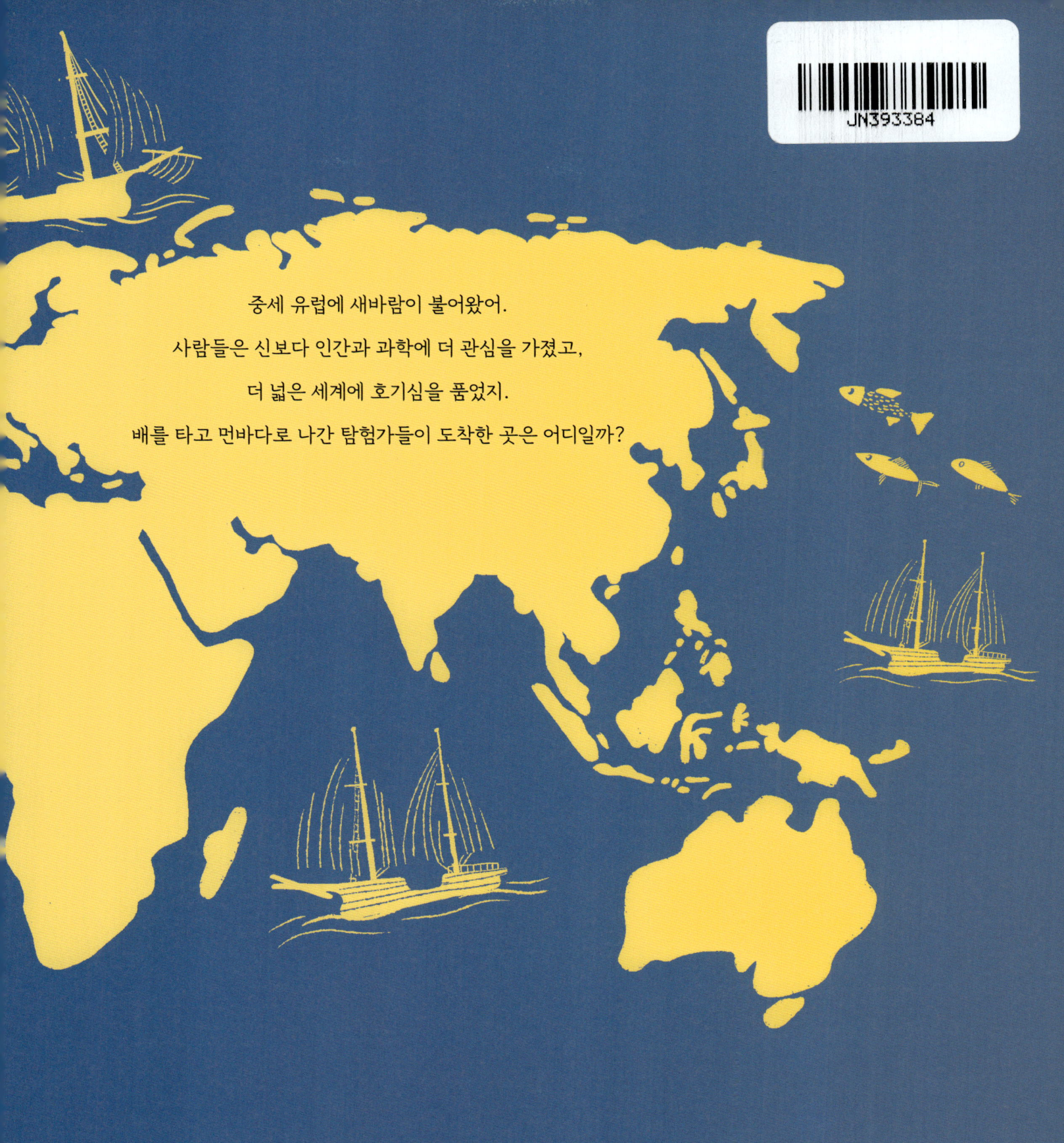

중세 유럽에 새바람이 불어왔어.
사람들은 신보다 인간과 과학에 더 관심을 가졌고,
더 넓은 세계에 호기심을 품었지.
배를 타고 먼바다로 나간 탐험가들이 도착한 곳은 어디일까?

나의 첫 세계사 12

유럽에 찾아온 새바람
르네상스

박혜정 글 | 이해정 그림

휴먼
어린이

우리나라 바다인 동해, 서해, 남해도 참 넓고 넓은데
세상에는 그보다 훨씬 더 넓은 바다가 있어.
이 세상에서 가장 넓은 바다는 태평양이고, 그다음 넓은 바다는 대서양이야.
바다를 건너 모험을 떠나는 일에는 굉장한 용기가 필요해.
크고 튼튼한 배, 정확한 지도, 배를 모는 기술이 부족했던 옛날에는 더욱 어려웠어.
그 옛날, 대서양과 태평양을 처음으로 가로질러 건넌 사람들은 유럽인들이야.
유럽 서쪽 끝에 있는 두 나라, 포르투갈과 에스파냐의 탐험가들이
대서양을 건너고 태평양도 건넜지.
이 무렵 유럽에서는 무슨 일이 벌어지고 있었을까?

유럽 사람들이 처음부터 대서양과 태평양으로 나섰던 건 아니야.
그보다 앞서 오랜 시간 동안 지중해를 누비고 있었지.
지중해는 유럽과 아프리카, 아시아 사이에 있는 바다야.
유럽 상인들은 지중해를 통해 아시아와 아프리카의 상인들과 교류했어.
특히 이탈리아 상인들이 활발하게 활동하며 많은 돈을 벌었지.
이탈리아는 지중해 한중간에 볼록 튀어나와 있어서
바다와 맞닿아 있는 항구가 많았거든.

베네치아, 제노바, 피사는 지중해 무역을 통해 발달한 이탈리아 도시들이야.
그리고 아름다운 도시로 유명한 피렌체도 빼놓을 수 없지.
피렌체에서 만든 양털 옷감은 아주 인기 있는 상품이었어.
또 이곳에는 유명한 은행도 있었는데, 그 은행을 운영하는
메디치 가문은 정말이지 큰 부자였어.

메디치 가문에게는 조금 특별한 점이 있었어.
자신들이 살고 있는 피렌체를 위해 많은 돈을 썼거든.
메디치 가문은 피렌체에 멋진 성당과 도서관을 지으면서
건물을 짓는 건축가와 건물의 안쪽을
아름답게 장식하는 예술가를 후원했지.
그런 예술가 중에 **미켈란젤로**가 있었어.

조각가이자 화가였던 미켈란젤로는 피렌체에서 실력을 인정받고,
로마 교황의 부름을 받아 로마에서도 실력을 발휘했지.
하느님이 최초의 인간을 창조하는 모습을 성당 천장에 그리기도 하고,
성모 마리아가 죽은 예수를 품에 안고 슬퍼하는 모습을 조각하기도 했어.
미켈란젤로 말고도 레오나르도 다빈치, 라파엘로 같은
천재적인 예술가들이 이탈리아에서 실력을 뽐냈지.

당시 유럽 사람들에게 가장 중요한 것은 크리스트교였어.
그러다 보니 예술 작품도 대부분 크리스트교와 관련이 있었지.
예술가들은 하느님과 예수를 중요하게 표현하고, 신을 믿는 인간은 소홀히 다루었어.
인간은 그저 신의 뜻을 따를 뿐이라고 여겼던 거야.
천 년 넘게 이어져 온 이런 생각이 이탈리아에서는 조금씩 변하기 시작했어.
미켈란젤로, 레오나르도 다빈치, 라파엘로 같은 화가들은
여전히 신에 대한 그림을 많이 그렸지만, 표현하는 방식이 예전과 달라졌지.

신이 아닌 인간도 예술 작품의 주인공이 되었어.
인간의 감정이나 표정, 그리고 인간의 몸을 아름답게 표현하려고 노력했지.
크리스트교와 관련된 주제 말고도 그리스·로마 신화에 나오는 이야기나
보통 사람들의 이야기를 작품에 담았던 거야.
레오나르도 다빈치는 〈모나리자〉라는 그림 속에 아름다운 여성을
마치 살아 있는 듯이 그려 냈고, 라파엘로는 〈아테네 학당〉이라는 그림으로
옛날 그리스에서 활약했던 학자들의 모습을 멋지게 나타냈어.

이탈리아 사람들은 이미 먼 옛날에,
인간의 아름다운 몸을 멋지게 조각하고
머릿속의 생각을 거침없이 표현하던 사람들이 있었다는 걸 기억해 냈어.
위대한 건축물을 만들며 실용적인 기술을 발전시키고,
다양한 분야의 학문을 발달시킨 그 주인공은
옛 시대에 살았던 그리스와 로마 사람들이야.
더군다나 이탈리아는 로마 제국의 중심지이기도 했으니까
아직도 남아 있는 건축물이나 예술 작품이 많았어.
이탈리아 사람들은 그리스인과 로마인이
이루어 놓은 것들을 본받기로 했어.
그동안 신과 종교에 억눌려 왔던 인간은 물론이고,
인간을 둘러싼 자연과 세상에 대해서도
적극적으로 탐구하게 되었지.

신에게 밀려나 있던 인간을
다시 세상의 중심에 돌려놓고
학문과 예술을 발달시키는
이러한 변화를 **르네상스**라고 해!

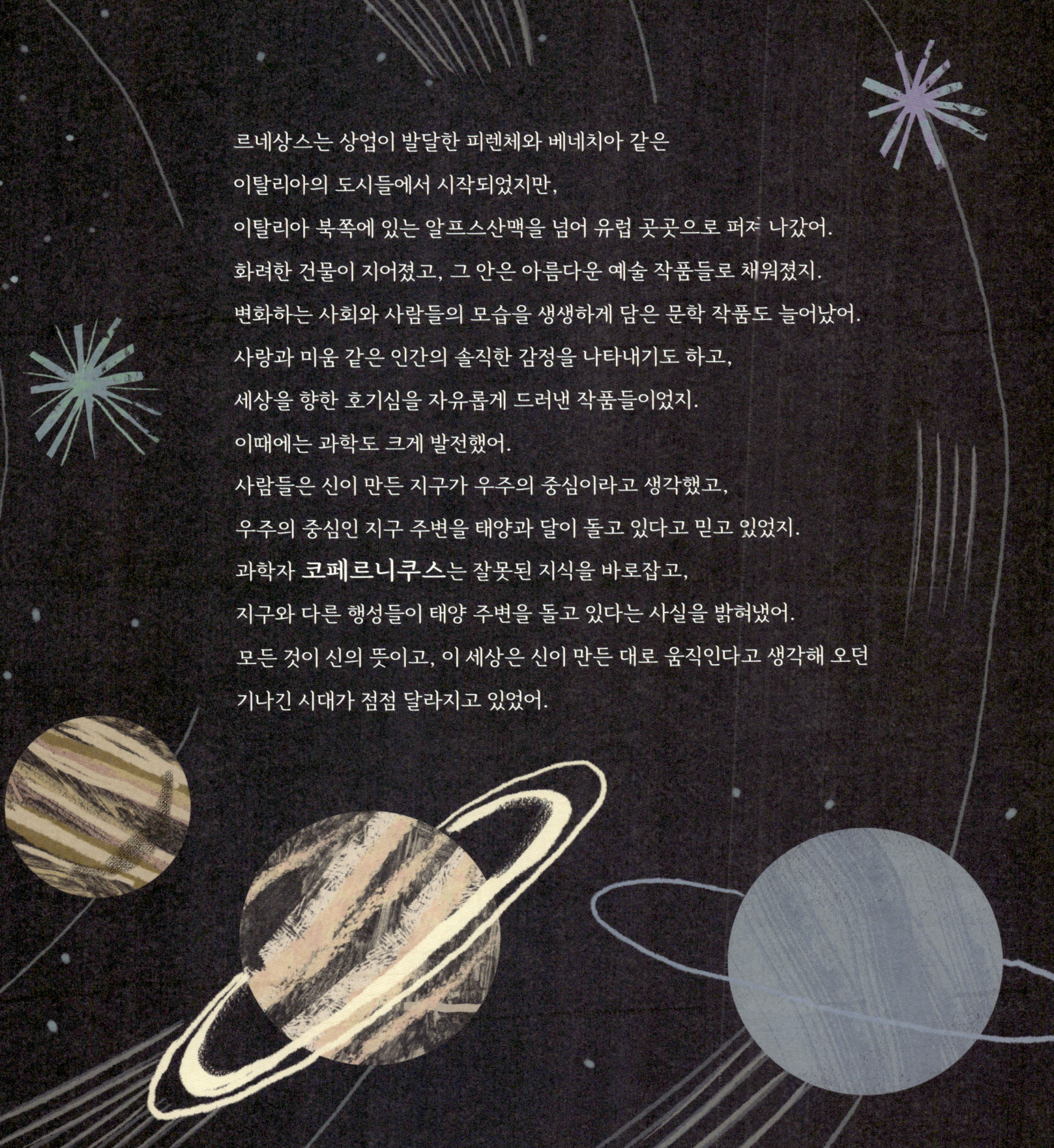

르네상스는 상업이 발달한 피렌체와 베네치아 같은
이탈리아의 도시들에서 시작되었지만,
이탈리아 북쪽에 있는 알프스산맥을 넘어 유럽 곳곳으로 퍼져 나갔어.
화려한 건물이 지어졌고, 그 안은 아름다운 예술 작품들로 채워졌지.
변화하는 사회와 사람들의 모습을 생생하게 담은 문학 작품도 늘어났어.
사랑과 미움 같은 인간의 솔직한 감정을 나타내기도 하고,
세상을 향한 호기심을 자유롭게 드러낸 작품들이었지.
이때에는 과학도 크게 발전했어.
사람들은 신이 만든 지구가 우주의 중심이라고 생각했고,
우주의 중심인 지구 주변을 태양과 달이 돌고 있다고 믿고 있었지.
과학자 **코페르니쿠스**는 잘못된 지식을 바로잡고,
지구와 다른 행성들이 태양 주변을 돌고 있다는 사실을 밝혀냈어.
모든 것이 신의 뜻이고, 이 세상은 신이 만든 대로 움직인다고 생각해 오던
기나긴 시대가 점점 달라지고 있었어.

변화를 맞이한 유럽, 그 사이에서 크리스트교도 같이 변화하고 있었을까?
로마 교황은 로마에 있는 성당들이 르네상스 시대에 어울리기를 바랐어.
더군다나 로마의 성 베드로 대성당은 지어진 지 천 년이 넘어가며
낡을 대로 낡아 있었지. 이번 기회에 성당을 새로 짓고 싶었던 교황은
피렌체를 비롯해 이탈리아 곳곳에서 건축가와 예술가를 로마로 불러들였어.
그러기 위해서는 아주 많은 돈이 필요했지.
돈 문제를 해결하기 위해 교황은 면벌부를 팔기로 했어.
면벌부라고? 면벌부가 무엇인지 이야기해 줄게. 잘 들어 봐!

크리스트교에서는 누구나 살면서 크고 작은 죄를 짓기 마련이고,
죽으면 그동안 지은 죄에 대한 벌을 받게 된다고 이야기해.
그 벌을 다 받고 나면 천국에 갈 수 있지만,
죄가 너무 크거나 벌을 다 받지 못하면 지옥에 간다고 믿었어.
벌을 받지 않기 위해 살아 있을 때 미리 사 두면 좋은 것이 바로 **면벌부**야.
면벌부가 있으면 벌을 받지 않고 곧바로 천국에 갈 수 있거든.
돌아가신 부모님이나 가족들을 위한 면벌부를 살 수도 있지.

"헌금함에 동전이 짤랑하고 떨어지는 순간,
죽은 사람의 영혼이 지옥 불에서 벗어나 천국으로 갈 수 있습니다."

교황과 성직자들은 사람들에게 이렇게 속삭이며 면벌부를 팔았어.
면벌부는 인기가 아주 많았고 날개 돋친 듯이 팔려 나갔지.

면벌부가 말도 안 된다고 생각한 사람들도 당연히 있었어.
그중 한 사람이 **마르틴 루터**라는 독일인이야.

"교황과 성직자가 하느님의 이름을 팔아
돈을 버는 것은 말도 안 되는 일입니다.
성경책 어디에도 면벌부에 대한
이야기는 없습니다!"

당시 크리스트교가 가진 문제를 조목조목 비판한
루터의 글은 독일 곳곳으로 퍼져 나갔어.

크리스트교에 문제가 있다고 생각한 사람들이 많기도 했지만, 루터의 글이 짧은 시간 동안 널리 널리 퍼질 수 있었던 것은 인쇄술이 발달한 덕분이기도 해. 루터가 활동하기 70년 전쯤, **독일의 구텐베르크**라는 사람이 인쇄기를 발명해서 책을 빠르게 찍어 내는 일이 가능해졌거든.

루터와 같은 생각을 하는 사람이 아무도 없거나 수가 적었다면
루터는 교황에게 잡혀가서 큰 벌을 받았을 거야.
하지만 루터와 비슷한 생각을 하는 사람이 점점 늘어났어.
루터를 교황으로부터 보호해 주고자 하는 사람들도 여럿 있었지.
이들의 보호를 받으며 루터는 크리스트교에 대해 더 깊이 연구했어.

"성경을 읽고 성경에 쓰여 있는 것만 잘 지켜도 충분히 천국에 갈 수 있습니다.
죽어서 받게 될 벌 때문에 겁먹을 필요가 없습니다.
하느님은 심판하고 벌을 주는 분이 아니라,
용서하고 사랑을 베푸는 분입니다."

숨어 지내던 루터는 성경책을 번역하기도 했어.
성경책은 라틴어라는 옛 로마의 문자로 쓰여 있어서
보통 사람들은 읽을 엄두도 내지 못할 만큼 아주 어려운 책이었거든.
루터는 라틴어로 된 성경책을 사람들이 쉽게 읽을 수 있는 독일어로 번역했어.
독일어로 쓰인 성경책 역시 발달한 인쇄술 덕분에
짧은 시간에 많은 사람의 손으로 들어갈 수 있었지.

독일의 루터 말고도 스위스의 츠빙글리, 프랑스의 칼뱅 같은 사람들이
유럽 곳곳에서 크리스트교의 새로운 흐름을 만들어 나갔어.
엄격한 의식이나 예배 없이 성경과 믿음만으로도
충분하다고 생각하는 새로운 크리스트교가 등장한 거야.
이렇게 나타난 새로운 크리스트교를 '개신교'라고 부르고,
개신교가 등장하게 된 이 사건을 **종교 개혁**이라고 해.
원래부터 있던 교황 중심의 크리스트교는 '가톨릭'이라고 부르지.
크리스트교는 결국, 개신교와 가톨릭으로 나뉘게 되었어.

개신교가 처음부터 인정받은 건 아니었어. 가톨릭을 믿는 사람들과
개신교를 믿는 사람들이 편을 갈라 싸우고 큰 전쟁을 벌였지.
다투지 않고 서로를 인정했으면 참 좋았겠지만, 쉽지 않은 일이었나 봐.
몇 번의 전쟁을 거치고 나서야 개신교도 널리 인정받았고,
개신교를 믿는 사람들도 종교의 자유를 얻게 되었지.
돈을 밝히고 타락했던 가톨릭도 반성하면서
더 좋은 종교가 되려고 노력했어.

그렇게 유럽은 르네상스와 종교 개혁으로 변화하고 있었어.
유럽의 서쪽 끝에 있는 이베리아반도에서도
거대한 변화가 시작되고 있었지.

이베리아반도는 꽤 오랫동안 이슬람교를 믿는 사람들이 다스려 왔어.
그곳에 크리스트교를 믿는 사람들이
에스파냐와 포르투갈 같은 나라를 세우면서
조금씩 조금씩 이베리아반도를 차지해 나갔던 거야.
이슬람 사람들을 모두 쫓아내 버린 두 나라는 다른 유럽 나라들처럼
부강하고 풍요로운 나라가 되겠다는 목표를 세웠어.
그러려면 경제를 발달시키고 돈을 벌어야 했지.
하지만 이미 다른 나라 상인들이
지중해와 유럽 대륙을 꽉 잡고 있었기 때문에
두 나라는 새로운 방법을 찾아보는 수밖에 없었어.
이베리아반도의 서쪽에는 더 넓은 바다가 있으니,
그곳을 활용하는 건 어떨까? 그 바다가 바로, 대서양이야.

포르투갈과 에스파냐가 돈을 벌기 위해 탐냈던 상품은 후추 같은 향신료였어.
저 멀리 아시아의 인도에서 얻은 향신료를
이슬람 상인들이 사들여 와서 베네치아 상인들에게 팔았지.
베네치아 상인들은 매우 비싼 가격에 향신료를 되팔면서 큰 이익을 얻고 있었어.
포르투갈과 에스파냐는 베네치아나 이슬람 상인들을 거치지 않고,
인도로 가는 새로운 바닷길을 찾아 나서기로 했지.
포르투갈은 대서양의 남쪽으로 내려가서 아프리카 대륙을 빙 돌아가기로 했어.
에스파냐는 대서양을 가로질러 건너가기로 했지.

유럽
에스파냐
포르투갈
아시아
아프리카
인도

거대한 바다를 다니려면 거센 파도와 바람을 가를 수 있는 배가 필요하고,
방향을 알려 주는 나침반과 바다의 모습을 정확히 나타낸 지도가 있어야 해.
용감한 선원들도 없으면 안 되지.
과연, 포르투갈과 에스파냐는 새로운 바닷길을 통해 인도에 갈 수 있었을까?

인도로 가는 새로운 바닷길을 먼저 찾아낸 나라는 포르투갈이야.
포르투갈에는 너른 바다로 나갈 수 있는 좋은 항구들이 여럿 있었고,
무엇보다 '항해 왕자'라는 별명을 가진 엔히크 왕자가
새로운 항로를 발견하기 위해 아주 적극적이었거든.
엔히크 왕자가 세운 항해 학교와 연구소에는
배를 만드는 기술자 말고도 바다 지도를 그리는 전문가,
별자리를 관찰해서 길을 찾아내는 천문학자까지 모여들었어.
큼지막한 돛을 몇 개나 달고 있는 새로운 배들이 만들어졌고,
그 배에는 나침반과 대포까지 달려 있었지.

포르투갈의 배들은 대서양 남쪽으로 향했어.
아프리카 대륙을 돌아서 인도로 갈 수 있다고 생각했거든.
하지만 처음 가 보는 길이라 아프리카의 땅끝이 어디인지도 몰랐어.
파도와 바람은 또 얼마나 변덕스러운지 몰라.
실패하고 또 실패했지만, 끝내 포기하지 않은 포르투갈의 탐험가들은
마침내 인도로 가는 새로운 항로를 찾아내는 데 성공했어.
아프리카를 돌아서 인도에 처음 도착한 사람은 **바스쿠 다가마**였어.
그때부터 포르투갈 상인들은 인도에서 향신료를 사들였고,
중국과 일본까지 드나들게 되면서 더 큰돈을 벌었지.

에스파냐도 금방 포르투갈을 따라잡았어.
이탈리아의 탐험가 **콜럼버스**를 지원해 준 덕분이었지.
일찍부터 항해에 관심이 많았던 콜럼버스는 지도책과 여행책을 즐겨 읽었어.
"드넓은 대서양을 건너는 일은 불가능해!" 모두가 그렇게 말했지만,
콜럼버스의 생각은 달랐어. 대서양은 건널 수 있는 바다이고,
그곳을 건너면 인도와 중국 같은 아시아 나라들에 닿을 수 있다고 판단했지.
콜럼버스는 포르투갈, 프랑스, 영국의 국왕을 만나서
자신의 계획을 설명하며 항해에 필요한 지원을 받고자 노력했어.
하지만 그 어떤 왕도 콜럼버스의 제안을 선뜻 받아들이지 않았지.
딱 한 나라만 빼고 말이야. 그래, 에스파냐가 그 나라야.
이베리아반도에 남아 있던 이슬람 세력을 완전히 쫓아내는 데 성공한
에스파냐의 이사벨 여왕은 콜럼버스를 지원하며
적극적으로 새로운 바닷길을 찾아 나섰어.

콜럼버스는 백여 명의 선원들과 세 척의 배를 나눠 타고 항해를 시작했어.
하지만 대서양을 가로지르는 일은 쉽지 않았어.
콜럼버스의 계산대로라면 40일쯤 뒤에 인도에 닿아야 하는데,
50일이 지나도 인도는 나타나지 않았어. 끝없는 바다만 펼쳐질 뿐이었지.
그리고 60일이 훨씬 지나서야 마침내 땅이 나타났던 거야.
콜럼버스는 항해에 필요한 날짜도 잘못 계산했지만,
아주 큰 착각을 하고 있었어. 긴 항해 끝에 도착한 곳은 인도가 아니었거든.
그곳은 바로 **아메리카**였지.

아메리카는 당시 유럽 사람들에게 전혀 알려지지 않은 새로운 땅이었어.
죽을 때까지도 그 땅을 인도라고 생각했던 콜럼버스는
그곳 원주민을 '인도 사람'이라는 뜻으로 '인디언'이라고 불렀지.
콜럼버스가 죽은 뒤, 그 땅이 인도가 아닌 새로운 대륙이라는 것을 밝혀낸 사람은
'아메리고 베스푸치'라는 탐험가야. 그의 이름을 따서
이 대륙을 '아메리카'라고 부르게 되었어.

아메리카의 원주민들 편에서 생각해 보면
참 어처구니없는 일이었지.
갑자기 쳐들어온 사람들이
함부로 이름을 정해서 불렀으니 말이야.
억울한 일은 그뿐만이 아니었어.

콜럼버스는 자신이 찾던 금과 은,
향신료를 찾지 못하자
아메리카의 원주민들을
노예로 끌고 가서 유럽에 내다 팔았어.

탕탕! 아메리카 대륙에 커다란 총소리가 울려 퍼졌어.
쇠로 만든 무기조차 갖고 있지 않았던 원주민들은
에스파냐 군인들이 쏜 총에 맞아 하나둘 쓰러져 갔지.
원주민들이 세웠던 아스테카 왕국이나 잉카 제국도 금방 무너지고 말았어.
살아남은 원주민들은 에스파냐 사람들이 시키는 일을 해야 했지.
깊은 광산에 들어가서 금이나 은을 캐는 힘든 일이었어.

아메리카에 발을 내디딘 에스파냐는
그곳에서 들여온 금과 은을 차지하고 부자 나라가 되었어.
에스파냐 왕실의 지원을 받은 **마젤란**은 세계 일주에 성공하면서
지구가 둥글고 세계의 모든 바다가 이어져 있다는 걸 증명해 냈어.
유럽인들은 대서양뿐 아니라 태평양까지 건너갔던 거야.

하지만 에스파냐는 아메리카에서 벌어들인 막대한 돈을
거대한 궁궐이나 교회를 짓는 데 쓰거나, 전쟁을 벌이는 데 몽땅 써 버렸지.
한때는 무적함대라는 강력한 해군을 가진, 무서울 게 없는 나라였지만
그 강력함이 오래 유지되지는 않았어. 영국, 프랑스, 네덜란드 같은 나라들이
태평양과 대서양을 누비게 되면서 에스파냐는 점점 밀려나고 말았지.

아메리카 대륙에는 광산이 개발되고 거대한 농장이 만들어졌어.
농장을 운영하며 돈을 버는 사람은 유럽인이었지만,
그곳에서 직접 힘든 일을 하는 사람은 아메리카 원주민이었지.
고된 일을 하느라 몸이 약해질 대로 약해진 원주민들에게는
유럽 사람들이 옮겨 오는 전염병도 생명을 위협할 만큼 위험했어.
목숨을 잃은 아메리카 원주민이 많아지면서 일손이 부족해지자,
유럽 사람들은 아프리카 대륙에 살던 사람들을 데려오기 시작했어.
아프리카 사람들을 물건처럼 사들여서 아메리카에 팔았던 거야.

노예로 살아가게 된 아프리카 사람들은 아메리카의 농장에서 사탕수수, 면화, 담배 같은 것을 재배하는 일을 했어.
유럽, 아메리카, 아프리카 사람들이 무언가를 주고받거나 사고팔았지만, 유럽인들은 점점 부유해졌고, 아메리카와 아프리카 사람들은 점점 가난해졌지.
세계의 바다를 누비는 사람들이 늘어나며 여러 대륙에 흩어져 살던 사람들이 본격적으로 뒤섞이게 되었어. 누군가에게는 새로운 기회가 열린 것이지만, 다른 누군가에게는 고난과 불행이 시작되는 일이었단다.

나의 첫 역사 여행

교황이 다스리는 바티칸 시국

성 베드로 대성당

이탈리아의 수도 로마 안에는 '바티칸 시국'이라는 나라가 있어.
바티칸 시국은 가톨릭의 교황이 다스리는 아주 작은 나라야.
땅 크기도 작고, 인구수도 아주 적은 도시 국가지.
하지만 이곳에는 세계에서 제일 큰 성당인 '성 베드로 대성당'이 있어.
예수의 열두 제자 중 한 명인 베드로의 무덤 위에 지은 아주 오래된 성당을
1506년에 새롭게 짓기 시작하면서 지금의 성당이 만들어진 거야.
성당을 완성하는 데에는 120년 정도가 걸렸대. 미켈란젤로도 17년 동안
건축가로 일하며 성 베드로 대성당의 중요한 뼈대를 세웠지.
성당 안에는 미켈란젤로의 걸작으로 평가받는 〈피에타〉가 있어.
죽은 예수를 끌어안고 슬픔에 잠긴 마리아의 모습을 조각한 작품이야.

| 바티칸 시국에 위치한 성 베드로 대성당 | 미켈란젤로의 조각품 〈피에타〉 |

바티칸 박물관

바티칸 박물관

루브르 박물관, 대영 박물관과 더불어 세계 3대 박물관으로 평가받는 바티칸 박물관도 바티칸 시국에 있어.
이곳에서는 라파엘로가 그린 〈아테네 학당〉을 볼 수 있지.
〈아테네 학당〉 속에는 소크라테스, 아리스토텔레스, 플라톤처럼 고대 그리스에서 활약한 철학자들이 한 장면 안에 멋지게 그려져 있어.
인간이 사는 세계나 인간의 생각을 깊이 탐구하는 학문이 철학인데, 고대 그리스에서는 철학이 크게 발달했지. 르네상스 시대가 되면서 이제껏 신에 가려져 있던 인간을 적극적으로 탐구하기 시작했고, 철학을 꽃피웠던 옛 그리스 시대에 대한 관심도 커졌던 거야.

시스티나 성당

바티칸 박물관과 시스티나 성당은 연결되어 있어.
시스티나 성당은 교황을 선출하는 장소로도 유명하지만,
뭐니 뭐니 해도 가장 유명한 건 미켈란젤로가 천장에 그린 그림이야.
시스티나 성당 천장에 그려진 미켈란젤로의 〈천지창조〉는
하느님이 세상과 인간을 창조하는 모습이나
노아의 방주와 대홍수 이야기 같은 성경의 내용을
여러 장면의 그림으로 생동감 있게 표현해 놓았지.
그중에 하느님이 최초의 인간인 아담을 만들고,
아담에게 생명을 부여하는 장면은 모르는 사람이 없을 정도야.
이곳에 있는 〈최후의 심판〉도 미켈란젤로의 대표적인 작품이지.

천장화 〈천지창조〉 중 '아담의 창조'

나의 첫 역사 클릭!

영국에서 종교 개혁이 일어난 이유

루터와 칼뱅 같은 사람들은
교황이나 성직자의 부패를 비판하면서
종교 개혁을 일으켰어.
그러면서 유럽 곳곳에 개신교가 등장했지.
하지만 영국에서 종교 개혁이 일어난 이유는
다른 나라들과 좀 달랐어.
영국의 왕이 이혼을 하기 위해 종교 개혁을 일으켰거든.
왕의 이혼이라니, 어떤 일이 있었는지 궁금하지?
이야기의 주인공은 바로
당시 영국의 왕이었던 헨리 8세야.
헨리 8세의 부인은 에스파냐의 공주였던 캐서린이었어.
헨리 8세는 자신과 캐서린 사이에 왕위를 이을
왕자가 없다는 걸 못마땅해했어.
그래서 캐서린과 이혼하고 시녀였던 앤 불린과
다시 결혼하길 원했던 거야.

헨리 8세의 초상화

이때에는 왕이 이혼을 하려면 로마 교황의 허락이 필요했는데,
교황은 헨리 8세의 이혼을 허락하지 않았어.
결국 헨리 8세는 교황과의 관계를 끊고, 영국의 크리스트교를 독립시키기로 했어.
교황으로부터 독립한 영국의 크리스트교를 '영국 국교회'라고 불렀지.
영국 국교회에서 최고 지도자 역할은 영국의 왕이 맡게 되었어.

| 헨리 8세의 첫 번째 왕비 '캐서린'의 초상화 | 헨리 8세의 두 번째 왕비 '앤 불린'의 초상화 |

헨리 8세와 앤 불린 사이에서도 왕자는 태어나지 않았어.
둘 사이에 공주가 한 명 태어났는데, 이 공주는 나중에 여왕이 되어서
영국을 강대국으로 만드는 아주 중요한 역할을 하게 돼.
그 여왕이 바로 엘리자베스 1세야.

글 박혜정

성균관대학교 역사교육과에서 공부했습니다. 중학교에서 역사를 가르치며 학생들과 세계사의 재미를 나누고 있습니다. 두 아이의 엄마로, 아이를 무릎에 앉혀 놓고 그림책을 읽어 주던 때가 인생에서 빛나던 시절 중 하나라 여기고 있습니다.

그림 이해정

대학에서 시각디자인을 전공하고, 오랜 시간 동안 어린이책에 그림을 그리고 있습니다. 쓰고 그린 책으로 《어슬렁어슬렁 동네 관찰기》가 있고, 그린 책으로 《꽃 아주머니와 비밀의 방》, 《소녀와 소년, 멋진 사람이 되는 법》, 《우리 도서관의 선구자 박봉석》, 《여기는 집현전》 등이 있습니다.

나의 첫 세계사 12 — 유럽에 찾아온 새바람 르네상스

1판 1쇄 발행일 2023년 7월 24일
글 박혜정 | 그림 이해정 | 발행인 김학원 | 편집 박현혜 | 디자인 박인규
저자·독자 서비스 humanist@humanistbooks.com | 용지 화인페이퍼 | 인쇄 삼조인쇄 | 제본 다인바인텍
발행처 휴먼어린이 | 출판등록 제313-2006-000161호(2006년 7월 31일) | 주소 (03991) 서울시 마포구 동교로23길 76(연남동)
전화 02-335-4422 | 팩스 02-334-3427 | 홈페이지 www.humanistbooks.com
사진 출처 피에타 ⓒ Stanislav Traykov / Wikimedia Commons / CC BY-SA 3.0

글 ⓒ 박혜정, 2023   그림 ⓒ 이해정, 2023
ISBN 978-89-6591-514-0 74900
ISBN 978-89-6591-460-0 74900(세트)

- 이 책은 저작권법에 따라 보호받는 저작물이므로 무단 전재와 무단 복제를 금합니다.
- 이 책의 전부 또는 일부를 이용하려면 반드시 저작권자와 휴먼어린이 출판사의 동의를 받아야 합니다.
- **사용연령 6세 이상** 종이에 베이거나 긁히지 않도록 조심하세요. 책 모서리가 날카로우니 던지거나 떨어뜨리지 마세요.